极冠军演练图谱

二十四式太极拳

侯雯 编著

河南科学技术出版社
中原出版传媒集团
中原传媒股份公司

图书在版编目（CIP）数据

二十四式太极拳 / 侯雯编著 .—郑州：河南科学技术出版社，2019.1（2024.1 重印）
（太极冠军演练图谱）
ISBN 978-7-5349-9158-5

Ⅰ.①二…　Ⅱ.①侯…　Ⅲ.①太极拳 - 图谱　Ⅳ.① G852.11-64

中国版本图书馆 CIP 数据核字（2018）第 034613 号

出版发行：河南科学技术出版社
地址：郑州市郑东新区祥盛街27号　　邮编：450016
电话：（0371）65737028
网址：www.hnstp.cn
策划编辑：董　涛
责任编辑：陈海颜
责任校对：丁秀荣
封面设计：朱　婧
版式设计：王高峰
摄　　影：高　翔
责任印制：张艳芳
印　　刷：郑州新海岸电脑彩色制印有限公司
经　　销：全国新华书店
开　　本：720 mm × 1020 mm　1/16　**印张：**4.75　**字数：**65千字
版　　次：2019年1月第1版　2024年1月第5次印刷
定　　价：29.80元

“太极冠军演练图谱”编委会

（排名不分先后）

二十四式太极拳

二十四式太极拳，亦称“二十四式简化太极拳”。它是国家体育运动委员会于1956年在杨式太极拳传统大架的基础上进行简化、改编的普及套路。

1997年，二十四式太极拳被中国武术研究院和中国武术运动管理中心审定，作为中国武术三段位考核内容，因此又名为“三段位太极拳”。

二十四式太极拳基本集中了杨式太极拳的技法，内容丰富，结构完整，编排合理，衔接流畅，动作优美，简单易学。

学习二十四式太极拳，是掌握太极拳基础技能的重要途径，是提高太极拳技术水平的重要台阶。

目 录

第一式 起式

【练法】

1.身体自然直立，两脚并拢，两腿自然伸直，胸腹放松；两臂下垂，手指微屈，两手垂于大腿外侧；头颈正直，下颏微收，口闭齿扣，舌抵上腭；精神集中，表情自然。（图1.1）

2.左脚向左分开半步，两脚间距与肩同宽，两脚平行向前，成开立步。（图1.2～图1.4）

3.两臂慢慢向前平举，与肩同高、同宽，双臂自然伸开，肘关节向下微屈，两掌掌心向下，指尖向前。（图1.5）

4.两腿慢慢屈膝半蹲，重心落于两腿之间，成马步；两掌轻轻下按至腹前，上体舒展正直；目视前

图1.1

图1.2

图1.3

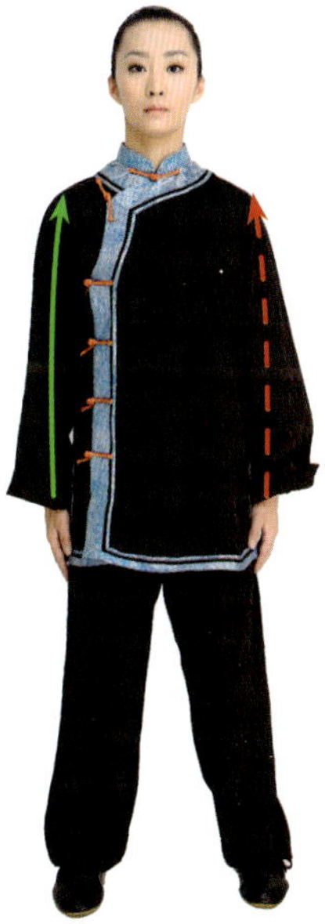

图1.4

方。（图1.6、图1.7）

【要点】

1.起式中的马步是太极拳的基本步形，练习者从一开始就要建立正确的动作定形。

2.开立步时，应遵循“轻起轻落，点起点落”这个步法规律，先将重心移至右腿，左腿放松，而后轻轻提起左脚脚跟，以不超过右脚脚踝的高度向左分开半步。落脚时，前脚脚掌先着地，并且使脚尖朝向正前方，随之全脚掌逐渐踏实。

3.手臂的前举和下按应按照“匀速、缓慢”的要求来进行。手臂的移动要有逆水前进的感觉，既要有一定的紧张度，又不可僵硬；既要放松，又不可松懈。

4.手臂前举时，两手先在两腿外侧将掌心转向后方，随即再慢慢地向体前平举。

5.两掌下按时，掌心朝下，要有主动下按的动作。按到两掌与腹部同高时，须展掌、舒指。

6.屈膝的高度要因人而异，不要一概而论。太极拳的全套练习中，除少数招式外，整套拳术都是在半蹲的状态中进行的。开始的屈膝高度基本上就是整套拳的拳架高度，练习中不允许忽高忽低，以免拳架起伏不定。

7.上体要保持正直，脊背、臀部和脚跟基本在同一垂面上。

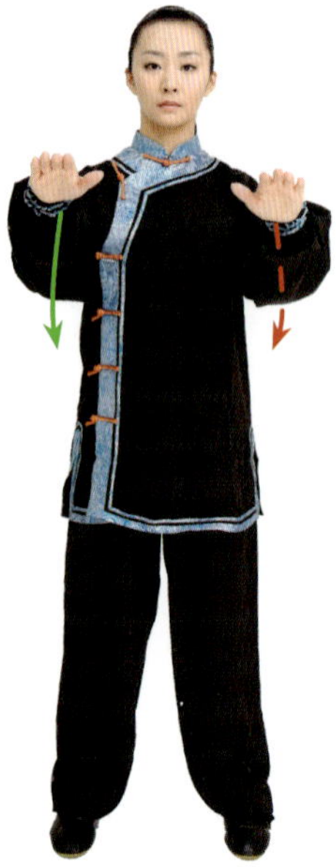

图1.5

图1.6

图1.7

第二式　左右野马分鬃

【练法】

1．上体稍右转，右臂屈抱于右胸前，肘略低于手，掌心向下；左臂屈抱于腹前，掌心向上，两掌上下相对，如在右肋前“抱球”。左脚收至右脚内侧，脚尖点地。（图2.1、图2.2）

2.上体左转，左脚向左前方迈出一步，脚跟轻轻着地，重心仍在右腿上。（图2.3）

3.上体继续左转，重心前移。左脚踏实，左腿屈膝前弓；右腿自然蹬直，右脚脚跟外展，成左弓步。两掌前后分开，左掌分至体前，高不过眼，掌心斜向上；右掌按至右胯旁，掌心向下，指尖朝前；两臂微屈。（图2.4、图2.5）

图 2.1

图 2.2

图 2.3

图 2.4

4.重心稍向后移，左脚脚尖翘起外撇，上体稍左转，两掌准备翻转“抱球”。(图2.6)

5.上体继续左转，左掌翻转成掌心向下，在左腹前屈抱；右掌翻转前摆，掌心向上，在胸前屈抱；两掌上下相对，如在左肋前“抱球”。重心移至左腿，左脚踏实；右脚收至左脚内侧，脚尖点地。(图2.7、图2.8)

图 2.5

图 2.6

图 2.7

图 2.8

6.上体稍右转，右脚向右前方迈出一步，脚跟轻轻着地。（图2.9）

7.上体继续右转，重心前移。右脚踏实，右腿屈膝前弓；左腿自然蹬直，左脚脚跟外展，成右弓步。两掌前后分开，右掌分至体前，高不过眼，掌心斜向上；左掌按至左胯旁，掌心向下，指尖向前；两臂微屈。（图2.10、图2.11）

8.重心稍向后移，右脚脚尖翘起外撇，上体稍右转，两掌准备翻转“抱球”。（图2.12）

图2.9

图2.10

图2.11

图2.12

9.上体稍右转，右臂屈抱于右胸前，手高不过肩，肘略低于手，掌心向下；左臂屈抱于腹前，掌心向上；两掌上下相对，如在右肋前“抱球”。左脚收至右脚内侧，脚尖点地。（图2.13、图2.14）

10.上体左转，左脚向左前方迈出一步，脚跟轻轻着地，重心仍在右腿上。（图2.15）

11.上体继续左转，重心前移。左脚踏实，左腿屈膝前弓；右腿自然蹬直，右脚脚跟外展，成左弓步。两掌前后分开，左掌分至体前，高不过眼，掌心斜向上；右掌按至右胯旁，掌心向下，指尖朝前；两臂微屈。（图2.16、图2.17）

图 2.13

图 2.14

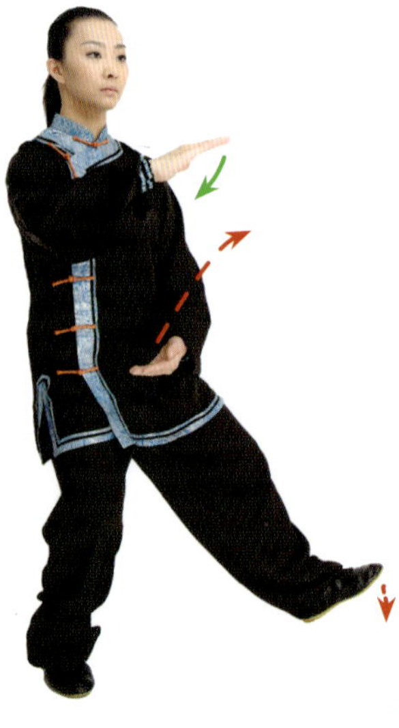

图 2.15

图 2.16

图 2.17

【要点】

（一）左野马分鬃

1.转体和抱手的动作是同时进行的，抱手要在转体的带动下协调一致地完成。“抱球”是一个形象的比喻，两臂之间犹如抱一个气球，既要抱得住，又要使气球不触及身体，故两臂的动作要松而不软。

2.在图2.2中，“左脚收至右脚内侧，脚尖点地”，这时身体重心大部分应落在右腿上，左腿只起辅助支撑的作用。初学时可以这样做，待动作熟练之后，左脚收向右脚内侧时，脚尖不应点地。右野马分鬃也同样如此。这里的“脚尖点地”，指的是前脚脚掌着地。

3.假设起式时面向南方，第一个“野马分鬃”弓步要朝向东方。在上步时，上体先转至偏东，弓步时再转向接近正东。在连贯练习时，两个转体应是连贯的，中间不可间断。

4.左脚上步时，要脚跟先着地。太极拳的步法均要求一腿屈膝支撑身体，稳定重心；另一腿轻灵地迈出，不可落脚沉重，身体重心过早转移。弓步过程要由腰部旋转、左腿屈弓和右腿后蹬三个动作协调配合，不可先蹬直右腿，再屈左膝，这样会使腰胯紧张，重心起伏。

5.太极拳的弓步，后腿自然蹬直即可，不能像长拳那样挺劲绷直，以致腰胯不能松开；但也不可过于放松，使膝部出现较大的弯曲，显得软弱无力。

6.分掌时，左掌掌心斜向上，力点在前臂外侧，向左斜上方“靠”出，此时左肩要松沉，肘部微屈；分到顶点时，要展掌、舒指，体现出由轻灵走向沉稳的气势。右掌要随之向右下方分开，采至右胯旁，掌心向下，指尖朝前，肘微屈；采到顶点时，也要求展掌、舒指、坐腕、沉肩。

7.眼神是太极拳的重要组成部分。本式的眼神运用，由起式的目视前方转为注视右手，再转视左手；定式时目视左手。视线应有张有弛，合理调节。

（二）右野马分鬃

1.转体翘脚时，身体重心平稳地稍向后移，与上体左转协调并进。运转过程中，上体要保持正直，重心移动的幅度至左脚轻灵地转动即可。

2.两掌翻掌画弧“抱球”时，两掌先略放松（由实变虚），随即再左掌内旋、右掌外旋画弧，同时收拢后脚。

3.收脚时，主要是通过重心前移，以大腿的力量轻轻地把后脚提起，慢慢地屈膝向前，使后脚在前脚的内侧落下。

4.连续上步的步法是本式的重点。可将弓步和连续上步的步法专门提出来练习，以免连贯动作中出现顾手顾不了脚的问题。

5.其他要点同“左野马分鬃”。

第三式　白鹤亮翅

【练法】

1.上体微左转，重心移至左腿；右脚抬起，向前跟步，落于左脚右后侧，前脚脚掌着地。左掌内旋收于胸前，掌心向下，指尖向右；右掌外旋向左画弧至腹前，掌心向上，指尖斜向左侧；两掌掌心相对。（图3.1）

2.重心右移，上体右转，左手自然搭至右手臂内侧，右臂上举。（图3.2、图3.3）

3.身体左转，左手从大腿内侧搂膝向左腿外侧画弧，左脚抬起。（图3.4）

图 3.1

图 3.2

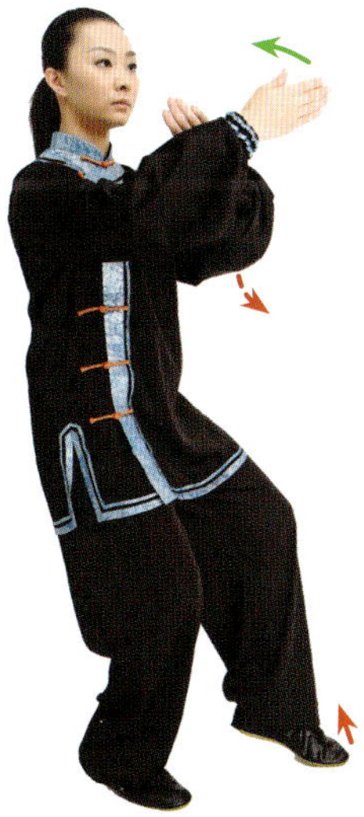

图 3.3

图 3.4

4.左脚脚尖落地。两掌右上左下画弧分开，右掌提至右额前，掌心向内；左掌按于左胯旁，掌心向下；两臂保持弧形。目视前方。（图3.5）

【要点】

1.这一式在练习过程中应把重点放在步形和步法上。本式的步形是虚步，步法是跟步。虚步应做到上体松正，两腿虚实分明，重心稳定。跟步时，应先移动重心，轻轻提起右脚，向前跟进半步，落脚时与左脚距离约一脚长，重心慢慢后移，右脚逐渐踏实，右腿由虚变实，支撑大部分体重，最后将左脚轻缓地前移，调整成左脚前脚掌着地的左虚步。整个过程要求步法轻灵，重心移动平稳，两腿虚实转换清楚。

2.在做上述步法转换时，应注意腰部的旋转，保证全身动作协调完整，右脚前跟时，腰部微左转；身体后坐时，腰部微右转；最后调整步形时，身体再转向正前方。

3.随着两手右上左下分开，应注意顶头竖脊，两掌分撑，松腰松胯，精神贯注，显示出定式时的沉着与稳定。

图 3.5

第四式　左右搂膝拗步

【练法】

1.上体微左转，右掌随之向左画弧，自头前下落。（图4.1）

2.上体右转，左脚收至右脚内侧。右掌再向上画弧至右后方；左掌再向下画弧至右肋旁。（图4.2～图4.4）

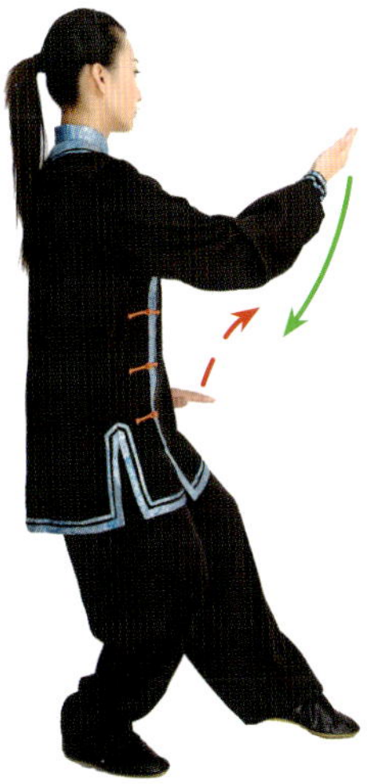

图 4.1

图 4.2

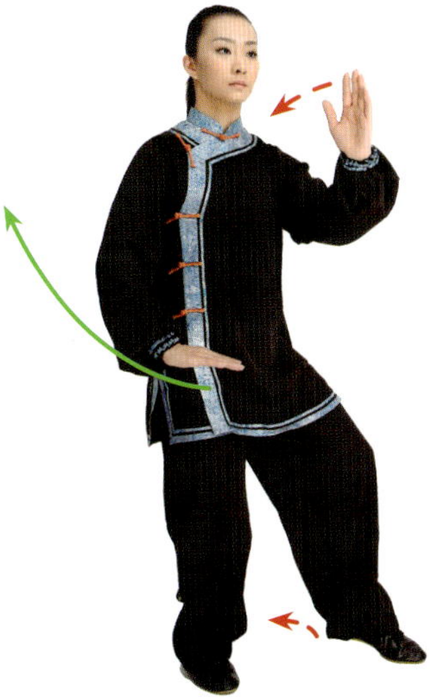

图 4.3

图 4.4

3.上体左转，左脚向前上步，脚跟轻轻落地。右臂屈肘，右掌收至耳旁，掌心斜向前；左掌向下画弧至腹前。（图4.5）

4.重心前移，成左弓步。右掌立掌向前推出，指尖高与鼻平；左掌由左膝前搂过，按于左胯旁。（图4.6、图4.7）

5.重心稍后移，左脚脚尖外撇，上体左转。（图4.8）

图 4.5

图 4.6

图 4.7

图 4.8

6.重心前移，右掌随之向左画弧，摆至身体左前方；左掌向左、向上画弧，摆至左肋旁。右脚收至左脚内侧。（图4.9、图4.10）

7.左掌向上举，高与头平时屈臂，收至耳旁，掌心斜向前。上体右转，右脚向前上步，脚跟轻轻落地。右掌向右、向下画弧至腹前。（图4.11）

8.重心前移，成右弓步。左掌立掌向前推出，指尖高与鼻平；右掌由右膝前搂过，按于右胯旁。（图4.12、图4.13）

图 4.9

图 4.10

图 4.11

图 4.12

9.重心稍后移，右脚脚尖外撇，上体右转，左掌随之向右画弧。（图4.14）

10.重心前移，上体右转。左掌经胸前向上、向右、向下画弧至右肋旁；右掌外旋向上托举，高与头平时屈臂，收至右耳旁，掌心斜向前。左脚收至右脚内侧。（图4.15～图4.18）

图 4.13

图 4.14

图 4.15

图 4.16

11.上体左转，左脚向前上步，脚跟轻轻落地；左掌向下画弧至腹前。（图4.19）

12.重心前移，成左弓步。右掌立掌向前推出，指尖高与鼻平；左掌经腹前由右向左经左膝前搂过，按于左胯旁。（图4.20、图4.21）

图 4.17

图 4.18

图 4.19

图 4.20

【要点】

1.搂膝拗步与野马分鬃同为连续向前的三个弓步，所不同的是搂膝拗步是手脚左右异侧的拗弓步。为了保证重心的稳定，两脚的宽度一定要保持在30厘米左右，切忌两脚踩在一条直线上或左右交叉，防止上体歪扭。

2.在上步过程中，后脚收至支撑脚内侧，脚尖点地，是为了照顾初学者支撑无力、重心掌握不稳而提出的。一旦动作熟练以后，练习者应取消脚尖点地这个环节，使后脚经支撑脚内侧时不停不落，连贯稳健地向前迈出。控制能力强的练习者，完全可以直接连续上步，这样动作会更加连贯。

3.在做搂膝拗步时，前推、下搂的两掌和弓腿应到位，动作要上下合拍，同步进行。

图 4.21

第五式　手挥琵琶

【练法】

1.右脚向前收拢半步，前脚脚掌轻落于左脚后，与左脚相距约一脚长；随即上体右转，重心后移，右脚踏实，左脚脚跟提起。左臂稍向前伸展，腕关节放松。（图5.1、图5.2）

2.左脚提起。左掌向左、向上画弧摆至体前，手臂自然伸直，掌心斜向下；右掌屈臂后引，收至胸前，掌心斜向下。（图5.3）

3.上体稍向左回转，左脚稍向前移落步，脚跟着地，成左虚步。两臂外旋，左前右后屈肘合抱于体前，左掌与鼻尖相对，掌心向右；右掌与左肘相对，掌心向左；两臂如抱琵琶。（图5.4）

【要点】

1.本式练习时应注意身法、手法与步法的协调，防止动作生硬僵化。例如，在练后坐引手动作时，要学会以重心后坐和转体来带动两臂的前摆和后引；在练两臂的合手和虚步时，要以身体的向左回转来协调上下肢动作。

2.定式时，两臂应半屈成弧，舒展圆满；还要顶头竖脊，松腰沉气，屈腿落胯，充分体现出沉稳、挺拔和饱满的气势。

图 5.1

图 5.2

图 5.3

图 5.4

第六式　左右倒卷肱

【练法】

1.上体稍右转，两掌掌心翻转向上。右掌随转体向下经腰侧向后上方画弧，右臂微屈，掌与头同高；左掌翻转停于体前。头随身体转动。（图6.1～图6.3）

2.上体稍左转，左脚提收向后退一步，前脚脚掌轻轻落地。右臂屈卷，右掌收至肩上耳侧，掌心斜向下方；左掌开始后收。（图6.4）

图 6.1

图 6.2

图 6.3

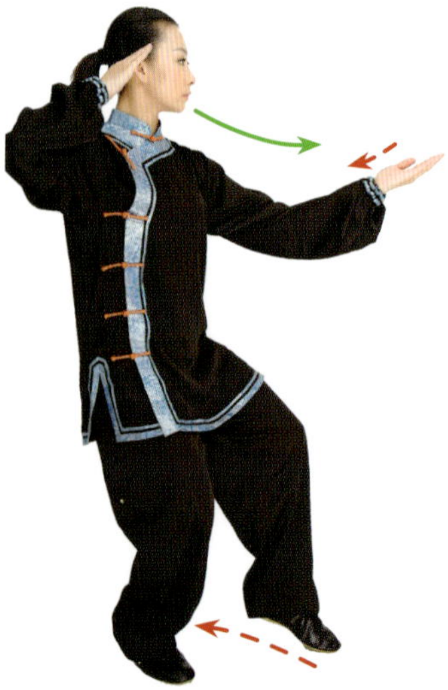

图 6.4

3.上体继续左转，重心后移，左脚踏实；右脚脚跟离地，右膝微屈，成右虚步。右掌推至体前，腕与肩同高，掌心向前；左掌向后、向下画弧，收至左腰侧，掌心向上。（图6.5、图6.6）

4.上体稍左转，左掌向左后上方画弧，与头同高，掌心向上；左臂微屈，右掌翻转停于体前。头随身体转动，目视左手。（图6.7、图6.8）

图 6.5

图 6.6

图 6.7

图 6.8

5．上体稍右转，右脚提收向后退一步，前脚脚掌轻轻落地。左臂屈卷，左掌收至耳侧，掌心斜向前下方；右掌开始后收。（图6.9、图6.10）

6．上体继续右转，重心后移，右脚踏实；左脚脚跟离地，左膝微屈，成左虚步。左掌推至体前，腕与肩同高，掌心向前；右掌向后、向下画弧，收至右腰侧。（图6.11、图6.12）

图6.9

图6.10

图6.11

图6.12

7.图6.6至图6.12的动作左右共做四次，退四步，前两次和后两次相同。（图6.13~图6.22）

图 6.13

图 6.14

图 6.15

图 6.16

图 6.17

图 6.18

图 6.19

图 6.20

【要点】

1.本式的步法是在虚步基础上的连续退步，练习中要抓住"重心平稳""点起点落""轻起轻落"的要点。"重心平稳"是指提腿时身体重心不要升高，落步时重心不要降低，身体不要在退步中出现明显的起伏现象。"点起点落""轻起轻落"是指动作要轻灵柔和，由点及面。提脚时先提脚跟，落脚时先落脚掌（向前上步先落脚跟），不可平起平落；提脚防止猛蹬急收，落脚避免沉重"砸夯"。

2.卷肱动作应重点强调屈肘折臂，避免屈指卷腕，不要把卷肱练成卷腕花。当推掌到顶点时，要有意识地坐腕、展掌、舒指，体现由虚到实的劲力变化。

3.撤掌时，掌要走弧线，不要直抽到胸前。另外，两掌的推撤要协调配合，在体前有一个两掌交错的过程，不要距离太远。

图 6.21

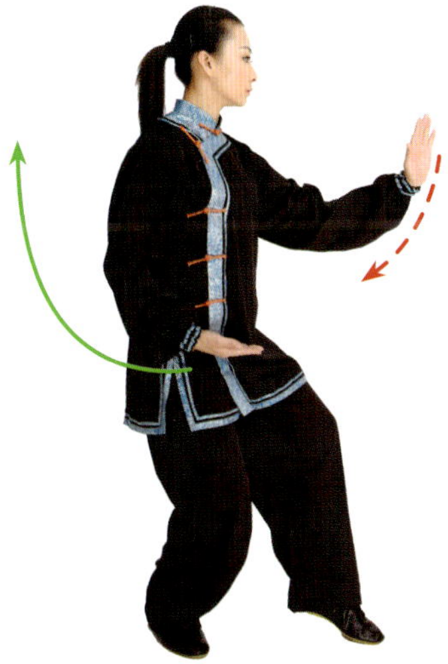

图 6.22

第七式　左揽雀尾

【练法】

1.上体微右转，右掌由腰侧向右上方画弧，右臂微屈，掌与肩同高，掌心斜向下；左掌在体前向下、向里画弧，掌心向上。头随身体转动。（图7.1）

2.右手屈臂抱于胸前，掌心翻转向下；左掌画弧下落，屈抱于腹前，掌心转向上；两手上下相对呈“抱球”状。左脚收至右脚内侧，脚尖点地。（图7.2）

3.上体微左转，左脚向左前方迈出一步，脚跟轻轻落地。（图7.3）

4.上体继续左转，重心前移，左脚踏实，左腿屈膝前弓；右腿自然蹬直，成左弓步。两

图7.1

图7.2

图7.3

图7.4

掌前后分开，左臂半屈向体前掤，腕与肩同高，掌心向内；右掌向下画弧按于右胯旁，掌心向下，指尖向前。（图7.4、图7.5）

5．上体稍左转，左掌向左前方伸出；右臂外旋，右掌经腹前向上、向前伸至左前臂内侧；两掌相对。（图7.6）

6.上体右转，两掌向下经腹前向右后方画弧后捋，右掌举于身体侧后方，与头同高，掌心向内；左臂平屈于胸前，掌心向内。重心后移，身体后坐，右腿屈膝，左腿自然伸直。（图7.7～图7.9）

图 7.5

图 7.6

图 7.7

图 7.8

7.上体左转，正对前方。右臂屈肘，右掌收至胸前，搭于左腕内侧，掌心向前；左前臂仍屈收于胸前，掌心向内，指尖向右。（图7.10）

8.重心前移，右腿自然蹬直，成左弓步。右掌掌心推送左前臂向体前挤出，与肩同高，两臂撑圆。（图7.11）

9.左掌翻转向下；右掌经左腕上方向前伸出，掌心也转向下。随即两掌左右分开，与肩同宽。（图7.12）

图 7.9

图 7.10

图 7.11

图 7.12

10．重心后移，上体后坐，右腿屈膝；左腿自然伸直，左脚脚尖翘起。两臂屈收，两掌后引，经胸前收到腹前，掌心斜向下。（图7.13～图7.15）

11．重心前移，左脚踏实，右腿自然蹬直，成左弓步。两掌沿弧线推按至体前，两腕与肩同宽、同高，两掌掌心向前，指尖向上。（图7.16、图7.17）

图 7.13

图 7.14

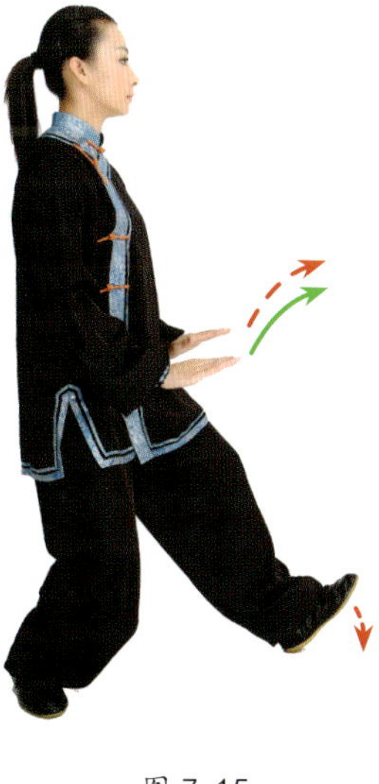
图 7.15

图 7.16

【要点】

1.揽雀尾的练习应重视上下肢的配合。掤、挤、按时要与弓腿协调一致，捋手和引手要与屈腿后坐一致。前弓和后坐时，重心移动要充分，要注意保持上体松正舒展。弓腿时要顶头、沉肩、竖脊、展背，坐腿时要松腰、敛臀、屈膝、落胯。

2.揽雀尾包括掤、捋、挤、按四个分式。每个分式完成时，肢体要伸展，劲力要贯注，动作要沉稳，要体现出动作由虚到实的变化。同时，太极拳的特点是绵绵不断，前一个招式的完成恰好是后一个招式的开始。所以拳式之间既要有虚实转换，又不可间断；要做到式变劲不断，劲变意不断。

3.本式的步形是顺弓步，两脚间的横向距离以不超过10厘米为宜。第二动抱手收脚后，应逐渐做到提收脚尖不点地。

4.做"掤式"时，转体分手和屈膝弓腿要到位。"捋式"时，两臂的后捋要与腰部的旋转协调一致。"捋式"完成时，两掌斜向侧后方约45度，同时保持上体端正，下肢稳固。"后坐引手"时，左脚脚尖翘起，左腿膝部不要挺直，上体勿挺腹后仰；同时两掌保持与肩同宽，收至胸前，掌心斜向下，两肘微向外开。弓步前按时，两掌要沿弧线向上、向前推按。

图 7.17

第八式　右揽雀尾

【练法】

1.重心后移，上体右转，左脚脚尖内扣。右手经头前画弧右摆，掌心向外，两掌平举于身体两侧。头及目光随右手移转。（图8.1、图8.2）

2.左腿屈膝，重心左移，右脚收至左脚内侧，脚尖点地。左掌屈抱于左胸前，掌心向下；右掌屈抱于腹前，掌心向上；两掌上下相对，在左肋前“抱球”。（图8.3、图8.4）

图 8.1

图 8.2

图 8.3

图 8.4

3.上体微右转，右脚向右前方迈出一步，脚跟轻轻落地。（图8.5）

4.上体继续右转，重心前移，右脚踏实，右腿屈膝前弓；左腿自然蹬直，成右弓步。两掌前后分开，右臂半屈向体前掤，腕与肩同高，掌心向内；左掌向下画弧按于左胯旁，掌心向下，指尖向前。（图8.6）

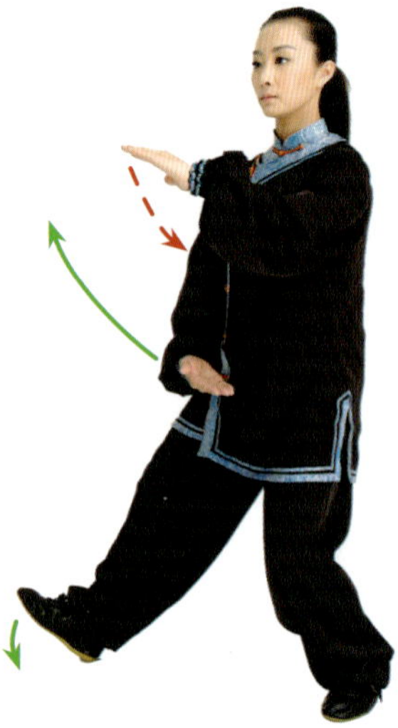

图 8.5

图 8.6

5.上体稍右转；右掌向右前方伸出，掌心转向下；左臂外旋，左掌经腹前向上、向前伸至右前臂内侧。（图8.7）

6.上体左转，两掌向下经腹前向左后方画弧后捋；左掌举于身体侧后方，与头同高，掌

图 8.7

图 8.8

心向内；右臂平屈于胸前，掌心向内。重心后移，身体后坐，左腿屈膝，右腿自然伸直。（图8.8、图8.9）

7.上体右转，正对前方。左臂屈肘，左掌收至胸前，搭于右腕内侧，掌心向前；右前臂仍屈收于胸前，掌心向内，指尖向左。（图8.10）

8.重心前移，左腿自然蹬直，成右弓步。左掌推送右前臂向体前挤出，与肩同高，两臂撑圆。（图8.11）

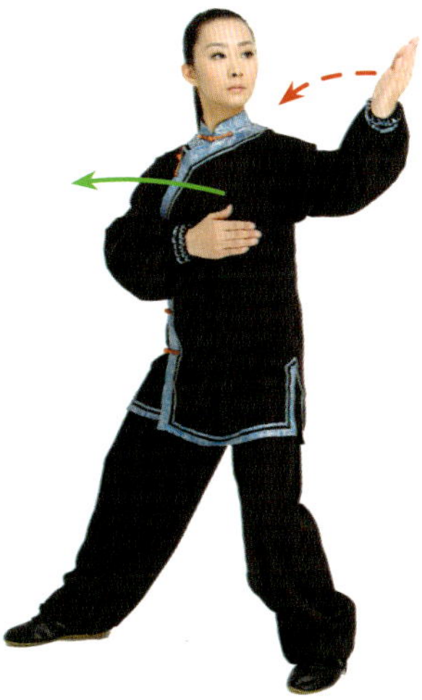

图 8.9

图 8.10

图 8.11

图 8.12

9.左掌翻转向下，右手经左腕上方向前伸出，掌心也转向下。随即两掌左右分开，与肩同宽。（图8.12、图8.13）

10.两臂屈收，两掌后引，经胸前下按收至腹前，掌心斜向下。（图8.14、图8.15）

图 8.13

图 8.14

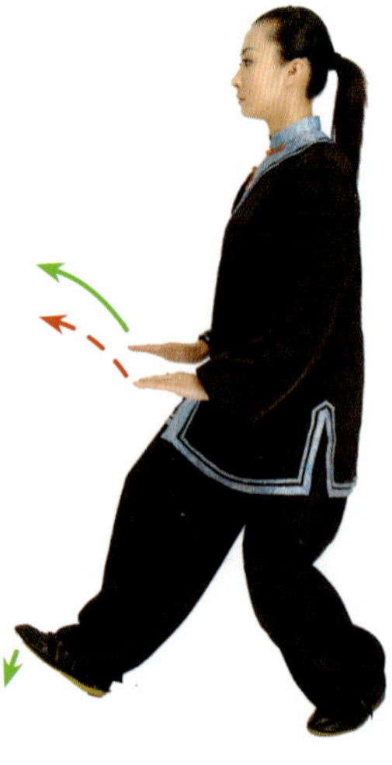

图 8.15

图 8.16

11.重心前移，右脚踏实，右腿屈弓；左腿自然蹬直，成右弓步。两掌沿弧线推按至体前，两腕与肩同宽、同高，两掌掌心向前，指尖向上。（图8.16、图8.17）

【要点】

1.随身体右转，右掌水平向右画弧，两掌分开不超过120度。此时左掌不要随之向右摆动。

2.身体右转时，两腿屈膝后坐，重心不可升高。左脚脚尖内扣，扣的角度以大于90度为宜。

3.其余要点与“左揽雀尾”相同。

图 8.17

第九式　单鞭

【练法】

1.重心左移，上体左转，右脚脚尖内扣。两臂交叉运转，左掌经面前向左画弧至身体左侧，掌心由内向下；右掌经腹前向左画弧至左肋前，掌心转向上。（图9.1、图9.2）

2.上体右转，重心右移，右腿屈膝。右掌向上、向右画弧，掌心向内；左掌翻转向下，向腹前画弧。（图9.3）

3.重心右移，左脚收至右脚内侧。右掌经面前至身体右前方变成勾手，勾尖向下，腕高与肩平；左掌向下、向右画弧，经腹前至右肩前，掌心转向内。（图9.4、图9.5）

4.上体稍左转，左脚向左前方迈出一步，脚跟落地。左掌经面前向左画弧，掌心向内。（图9.6）

图 9.1

图 9.2

图 9.3

图 9.4

5.上体继续左转，重心前移，左脚踏实，左腿屈弓；右腿自然蹬直，脚跟外展，成左弓步。左掌经面前翻转向前推出，腕与肩同高；左肘与左膝上下相对。（图9.7）

图 9.5

【要点】

1.单鞭的弓步应斜向左前方，以不超过30度为宜；两脚的左右宽度约10厘米；前臂、前腿的方向应一致；勾手时，右臂伸举方向为斜后方45度。

2.身体左右转动时，重心移动要充分，两腿虚实要分明。

3.推掌时，随着上体左转，左腿前弓，左掌一边翻掌一边向前推出，配合松腰、松胯、沉气，沉腕、展掌、舒指。

4.动作熟练后，应做到收脚后脚尖不点地，有基础的练习者也可在开始时直接提收，不经过点地过程。

图 9.6

图 9.7

第十式　左右云手

【练法】

1.重心右移，上体右转。左脚脚跟随之碾动。右勾手横摆至身体右侧，腕与肩平；左掌自左向下，经腹前向右画弧。（图10.1、图10.2）

2.重心左移，上体左转。左掌掌心向内，自右向上、向左，经面前画弧云转，指尖齐眉；右勾手松开变掌，向下经腹前向左画弧云转。（图10.3、图10.4）

图 10.1

图 10.2

图 10.3

图 10.4

3.上体继续左转。右脚收于左脚内侧落地，两脚平行向前，相距10～20厘米。两掌云至身体左侧逐渐翻转，左掌掌心转向外；右掌经左肘内侧云至左肩前。（图10.5、图10.6）

4.重心右移，上体继续右转。左脚抬起，向左侧开步，脚尖向前。右掌自左经面前向右画弧云转，指尖齐眉；左掌向下、向右画弧云转至腹前。（图10.7、图10.8）

图 10.5

图 10.6

图 10.7

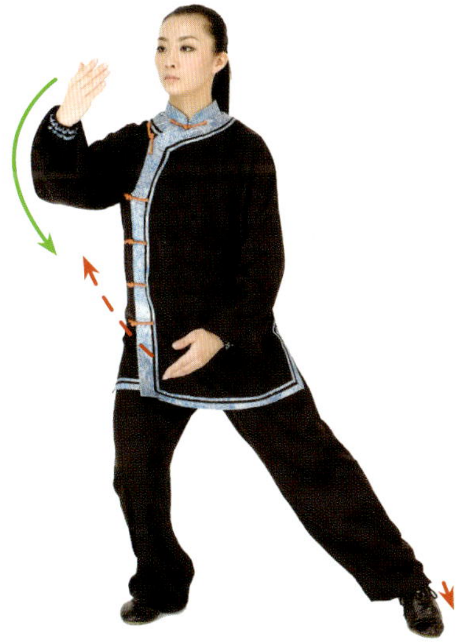

图 10.8

5．重心左移。两掌逐渐翻转，左掌经腹前向右画弧云转至右肩前；右掌旋臂转掌云至身体右侧。（图10.9）

6．上体左转。左掌经面前向左画弧云转；右掌向下经腹前画弧向左云转。（图10.10）

7.上体继续左转。右脚收于左脚内侧落地，两脚平行向前，相距10～20厘米。两掌云至身体左侧逐渐翻转，左掌掌心转向外，右掌经左肘内侧云至左肩前。（图10.11、图10.12）

图 10.9

图 10.10

图 10.11

图 10.12

8.重心右移。左脚抬起，上体继续右转，左脚向左侧开步。右掌自左经面前向右画弧云转，指尖齐眉；左掌向下经腹前向右画弧云转。（图10.13、图10.14）

9.重心左移。两掌逐渐翻转，左掌经腹前向右画弧云转至右肩前；右掌旋臂转掌云至身体右侧。（图10.15）

10.上体左转。左掌经面前向左画弧云转；右掌向下经腹前画弧向左云转。（图10.16）

图 10.13

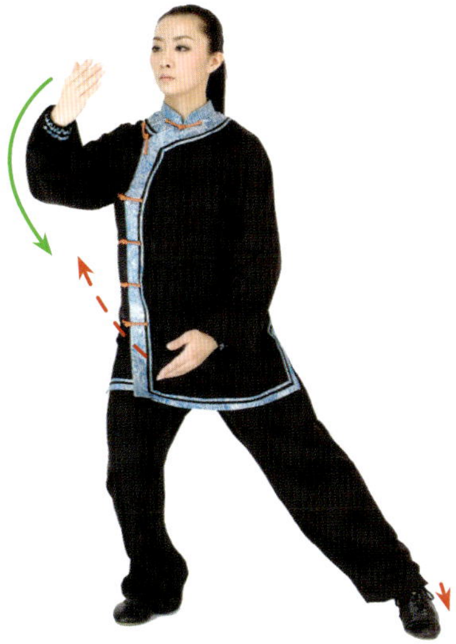

图 10.14

图 10.15

图 10.16

11.上体继续左转。右脚收于左脚内侧落地，两脚平行向前，相距10～20厘米。两掌云至身体左侧逐渐翻转，左掌掌心转向外，右掌经左肘内侧云至左肩前。（图10.17、图10.18）

图 10.17

图 10.18

【要点】

1.此式要做到以腰为轴，转腰带手，身手合一。两手的左右摆动不是孤立的，要与重心的移动、腰的旋转和侧行步法协调完成。两臂的旋转和脚步的移动要轻柔渐进，配合要恰到好处。

2.本式的步形为小开步。小开步的要求是两脚平行向前，相距10～20厘米。

3.云手的步法是侧行步，做侧行步时要注意四点。第一，要掌握"点起点落""轻起轻落"的步法规律。在侧行中，两脚由点及面提落踏实，轮换支撑体重，重心移动要充分，两腿虚实要分明。左脚轻灵地提起向左分开，右脚轻灵地向左脚并拢。第二，步幅要适度。侧行步的步幅是以一腿屈膝支撑体重，另一腿自然伸直横向迈出一步。第三，移步时，上体不可俯仰歪斜或摆晃。第四，身体不可起伏，重心应平稳、均匀地运动，始终保持拳架处于同一高度。

4.云手手法是两手交错向左或向右画立圆，伴随旋臂翻掌。手臂经过面前画圆时，应半屈成弧，距头不要过近。向下画圆时，肘微屈，臂自然伸开。

第十一式　单鞭

【练法】

1.上体右转，右掌经面前向右画弧至胸前，左掌向下经腹前向右、向上画弧。（图11.1）

2.重心移向右腿，左脚自然回收，脚跟提起，右掌翻转变勾手，左掌掌心转向内。（图11.2）

3.上体稍左转，左脚向左前方上步，脚跟落地。左掌经面前向左画弧，掌心向内。（图11.3）

图 11.1

图 11.2

图 11.3

4.上体继续左转，重心前移。左脚踏实，左腿屈弓；右腿自然蹬直，脚跟外展，成斜向左前方的左弓步。左掌翻转向前推出，腕与肩同高；左肘与左膝上下相对。（图11.4）

【要点】

1.单鞭的弓步应斜向左前方，以不超过30度为宜；两脚的左右宽度约10厘米；前臂、前腿的方向应一致；勾手时，右臂伸举方向为斜后方45度。

2.身体左右转动时，重心移动要充分，两腿虚实要分明。

3.推掌时，随着上体左转，左腿前弓，左掌一边翻掌一边向前推出；到达顶点时，配合松腰、松胯、沉气，沉腕、展掌、舒指。

4.动作熟练后，应做到收脚后脚尖不点地。

图 11.4

第十二式　高探马

【练法】

1.右脚向前收扰半步，前脚脚掌着地，距左脚约一脚长。右勾手变掌屈肘；左掌翻转，掌心向上。（图12.1、图12.2）

图 12.1

图 12.2

2.上体稍左转，重心后移。右脚踏实，右腿屈坐；左脚抬起。右肩前送，右掌屈收，经头侧再向前推。（图12.3）

3.上体左转，左脚前点。右腕与肩同高，右掌掌心向前；左臂屈收，左掌收至腹前，掌心向上。（图12.4）

图 12.3

图 12.4

【要点】

虚步推掌应在转腰、顺肩的配合下完成，身体要保持中正、舒展，动作要协调一致。

第十三式　右蹬脚

【练法】

1.左脚提收。右掌稍向后收；左掌经右掌背上向右前方穿出。两手交错，腕关节相交，掌背相叠。（图13.1）

2.上体左转。左脚向左前方迈出，脚跟着地。左掌内旋，两掌合举于胸前，随即由上向两侧分掌，掌心皆向外。（图13.2～图13.4）

图 13.1

图 13.2

图 13.3

图 13.4

3.左脚踏实，右腿自然蹬直。两掌由左右两侧向下画弧，掌心向前，虎口相对，两臂外撑。（图13.5）

4.右脚收至左脚内侧，脚尖点地。两掌向腹前画弧相交合抱，举至胸前，左掌在内，右掌在外，两掌掌心皆向内。（图13.6）

5.右腿屈膝上提，高于水平。双掌合抱于胸前。（图13.7）

6.右脚脚尖上勾，脚跟用力慢慢向右前上方蹬出；左腿微屈，右腿伸直。两掌掌心向外撑开，两臂展于身体两侧，肘关节微屈，两腕与肩平。右腿与右臂上下相对，方向为右前方约30度。（图13.8）

【要点】

1.蹬脚的动作要求具有较高的腿部力量和支撑平衡能力。在练习时，应重点抓住“平稳”和“协调”两个关键。要做到“平稳”，首先收脚时要稳定重心，初学者利用脚尖点地，调整重心，逐步做到收脚不落地也能控制好重心。提膝、蹬脚的动作要匀速缓慢，不可突然加速，以免失去平衡。同时还要注意加强基本功的训练，提

图 13.5

图 13.6

高桩步的稳固性和韧带的柔韧性。要做到“协调”应抓住六个一致，即穿掌与收脚一致、上步与翻手一致、弓腿与分手一致、收脚与抱手一致、提膝与举抱一致、蹬脚与分手撑臂一致。在做动作中，抓住了这六个一致，整个动作就会协调。

2.本式手臂的动作较为复杂。在“穿掌—分掌—合抱—撑开”的整个过程中，双手两次交错和分开，在练习中应将画弧的路线、前臂的旋转等细节搞清楚。第一动的穿掌应随着转体先微向右再向左上步，左掌经右掌背向前上方伸穿。两掌背相对，两腕交错，与肩同高，两肘微屈。第二、三动的分掌与合抱是一个完整的两臂回环过程。分掌时，两掌边内旋翻掌，边经面前向左右画弧分开；随之两掌不停顿地一边外旋翻掌，一边向下经腹前交错合抱举于胸前。第四动的分掌外撑，两掌右前、左后分开画弧，举掌不要超过头的高度，两肘保持微屈，这时重心上升，支撑腿自然伸直。

3.定式时要顶头立腰，蹬脚高于水平，重心保持稳定。初学者一时做不到，也不必勉强，应因人而异，循序渐进。

图 13.7

图 13.8

第十四式　双峰贯耳

【练法】

1.右腿屈膝回收，脚尖自然下垂。左掌经头侧向体前画弧，与右掌并行落于右膝上方，掌心皆向上，指尖向前。（图14.1、图14.2）

2.右腿向右前方上步，脚跟落地，脚尖斜向右前方约30度。两掌收至腹前，掌心向上。（图14.3）

3.重心前移，右脚踏实，右腿屈弓；左腿自然蹬直，成右弓步。两手握拳旋臂从两腰侧向上、向前画弧摆至头前。两臂半屈成弧，两拳相对成钳形，与头同宽，前臂内旋，拳眼斜向下。目视前方。（图14.4、图14.5）

图 14.1

图 14.2

图 14.3

图 14.4

【要点】

1.定式方向应与右蹬脚的方向一致。

2.落脚前，支撑的左腿先屈蹲，降低重心，然后右脚再向前上步落地。

3.握拳时，力点在拳面，两拳拳眼斜向下，立身中正，沉肩坠肘。

图 14.5

第十五式　转身左蹬脚

【练法】

1.重心左移，上体左转，左腿屈坐，右脚脚尖内扣。两拳松开，左掌经面前向左画弧，两臂微屈举于身体两侧，掌心向外。（图15.1、图15.2）

2.重心右移，右腿屈膝后坐；左脚收至右脚内侧，脚尖点地。两掌向下画弧，于腹前交错合抱，继而举至胸前，左掌在外，两掌掌心皆向内。（图15.3、图15.4）

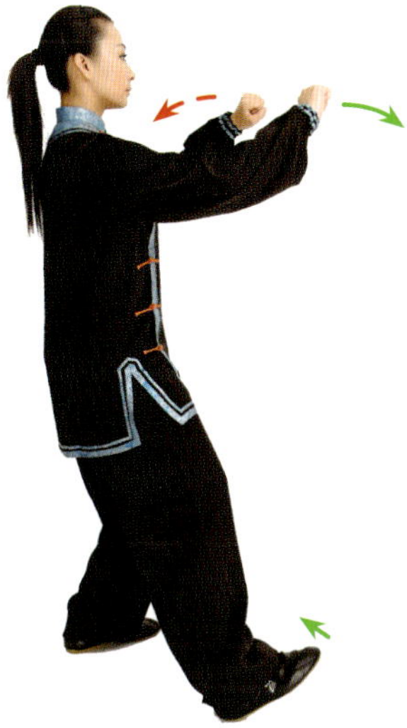
图 15.1

图 15.2

图 15.3

图 15.4

3.右腿支撑，左腿屈膝上提，双掌合抱于胸前。（图15.5）

4.左脚脚尖上勾，脚跟用力，向左前上方慢慢蹬出。两臂内旋，两掌掌心转向外，左前、右后画弧分开，两臂微屈，举于身体两侧。左腿蹬直，方向为左前方约30度，与左臂上下相对。目视左掌。（图15.6）

【要点】

1.转体分掌时，右脚尽量内扣，重心移动要充分，两掌向两侧画弧分开。

2.左蹬脚与右蹬脚的方向相反。

图 15.5

图 15.6

第十六式　左下式独立

【练法】

1.左腿屈收，左脚下垂收于右小腿内侧。上体右转，右臂稍内合，右掌变勾；左掌经头前画弧摆至右肩前，掌心向右，指尖向上。（图16.1）

2.右腿屈膝半蹲；左脚前脚掌落地，沿地面向左侧伸出，随即全脚踏实，左腿伸直。左掌落于右肋侧。（图16.2）

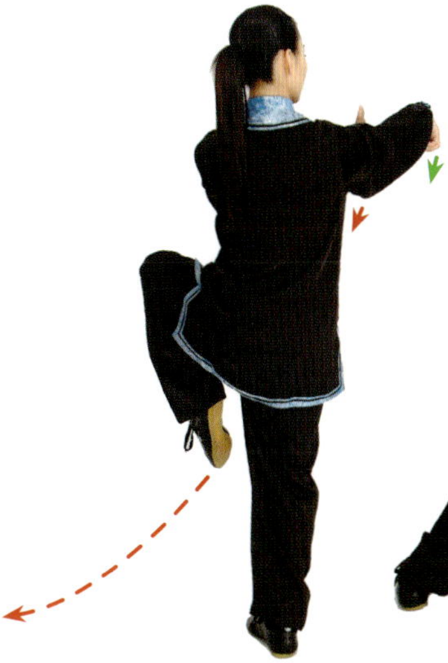

图 16.1

图 16.2

3.上体左转，成左仆步。左掌经腹前沿左腿内侧向左穿出，掌心向内，指尖向左。（图16.3）

4.重心移向左腿，左脚脚尖外展，左腿屈膝前弓；右腿自然蹬伸，右脚脚尖内扣。左掌继续前穿并向上挑起；右勾手内旋。（图16.4）

图 16.3

图 16.4

5.重心后坐，左脚脚尖抬起外转约45度。左掌翻转向下；右手背于身后，勾尖朝上。（图16.5）

6.左脚脚尖落地，重心恢复至弓步高度；随即重心前移，左腿微屈，右脚收回。右勾手变掌。（图16.6、图16.7）

7.左腿独立支撑，成左独立步；右腿提膝，右脚脚尖自然下垂。右掌立掌，指尖上挑，高不过眼；左掌下落按于左胯旁。右臂半屈成弧，肘关节与右膝上下相对。目视右掌。（图16.8）

【要点】

1.练此式应抓住两个重点：一是仆步步形要正确；二是重心的升降和移动要平稳连贯。为了使仆步转独立步时身体平稳过渡，仆步的两脚左右应保持一脚长的距离，以仆出腿的脚尖和下蹲腿的脚跟置于中轴线上为宜。重心由仆步转向前弓腿时，两腿要注意尽量外撇和内扣，这样才能轻松地完成提腿独立。

图 16.5

图 16.6

图 16.7

图 16.8

2.仆步前，要先把左脚收靠在右小腿内侧。初学时可以收脚点地，稳定重心，逐渐过渡为脚不着地。此时视线随左手右移，转看右勾手，勾手的方向是侧后方约45度。

3.左脚仆出时，应沿地面向左伸出。仆步完成时，右腿全蹲，左腿伸直，两脚全脚掌踏实地面。

4.向左穿掌时，左臂先屈后伸，上体微向前倾，以助其势。

5.定式时，右臂要舒展撑圆，左掌向下沉按，左臂微屈；独立腿微屈站稳，前提腿大腿高于水平；上体保持正直、舒展。

第十七式　右下式独立

【练法】

1.右脚落于左脚右前方，前脚脚掌着地；上体左转，左脚以脚掌为轴随之扭转。右掌从面前向左画弧。（图17.1）

2.左掌变勾手，提举于身体左侧，高与肩平；右掌经头前画弧摆至左肩前，掌心向左。（图17.2、图17.3）

3.右脚沿地面向右伸出，随即右腿伸直，右脚全脚踏实。（图17.4）

图 17.1

图 17.2

图 17.3

图 17.4

4.左腿屈膝全蹲，上体右转，成右仆步。右掌经左肋侧沿腹前、右腿内侧向右穿出，掌心向内，指尖向右。（图17.5）

5.重心移向右腿，右脚脚尖外撇，右腿屈膝前弓；左脚脚尖内扣，左腿自然蹬伸，重心恢复至弓步高度。右掌继续前穿并向上挑起；左勾手内旋，背于身后，勾尖朝上。（图17.6、图17.7）

6.重心后坐，右脚脚尖抬起外转约45度。（图17.8）

图 17.5

图 17.6

图 17.7

图 17.8

7.右脚脚尖落地，重心恢复至弓步高度；随即重心前移，右腿微屈，左脚收回。左勾手变掌。（图17.9、图17.10）

8.上体右转，重心前移。左腿屈膝前提，脚尖自然下垂；右腿微屈，独立支撑，成右独立步。右掌下落按于右胯旁；左掌经体侧向前上挑起成立掌，掌心向右，指尖向上，高不过眼。左臂半屈成弧，肘关节与左膝上下相对。（图17.11）

【要点】

1.第一动，右脚应落在左脚右前方约20厘米处。这样当左脚脚跟内转之后，右脚的位置恰在左脚脚弓内侧。

图 17.9

2.向左转身时，身体重心应始终落在左腿上。

3.右腿仆出时，应先提起右脚再伸出，不要直接擦地而出。

图 17.10

图 17.11

第十八式　左右穿梭

【练法】

1．左脚向左前方落步，脚尖外撇，重心左移。上体左转；左掌内旋，掌心翻转向下；右臂内旋，右掌掌心向上，两掌似“抱球”状。（图18.1、图18.2）

2.重心左移，右脚收于右踝内侧。两掌在左肋前上下相抱。（图18.3）

3.上体右转，右脚向右前方上步，脚跟着地。右掌由下向前上方画弧，左掌由上向后下方画弧。（图18.4、图18.5）

图 18.1

图 18.2

图 18.3

图 18.4

4．上体继续右转，重心前移，右脚踏实，右腿屈膝前弓，成右弓步。右掌翻转上举，架于右额前上方，掌心斜向上；左掌推至体前，高与肩平。（图18.6）

5.重心前移，上体右转。右掌下落于头前；左掌稍向左画弧，落至腹前；两掌准备“抱球”。（图18.7）

6.两掌在右肋前上下相抱，左脚收至右脚内侧。（图18.8）

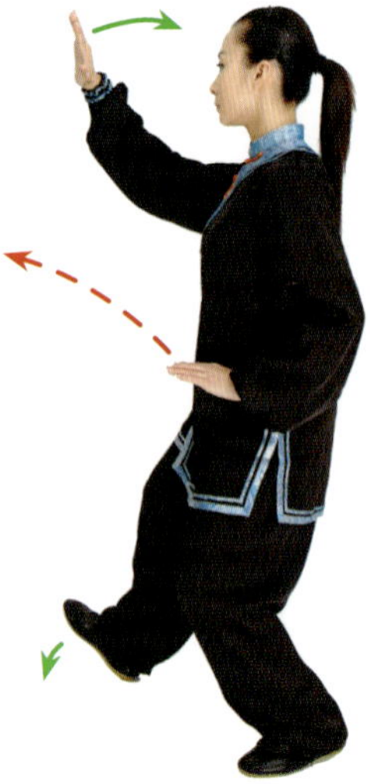

图 18.5

图 18.6

图 18.7

图 18.8

7.上体左转，左脚向左前方上步，脚跟着地。左掌由下向前上方画弧，右掌由上向后下方画弧，两掌交错。（图18.9、图18.10）

8.上体继续左转，重心前移，左脚踏实，左腿屈膝前弓，成左弓步。左掌翻转上举，架于右额前上方；右掌推至体前，高与肩平。目视右掌。（图18.11）

【要点】

1.左右穿梭均是拗步推掌，弓步方向和推掌方向一致，与中轴线约成30度斜角；两脚的横向距离保持在30厘米左右，不可过窄，以利重心稳定，上体松正。

2.本式的手法是一掌上架，一掌前推。上架掌翻掌举于额前上方，力点在前臂。前推时先收到肋前或腰间蓄劲，而后随转腰顺肩向前推出。

图 18.9

图 18.10

图 18.11

第十九式　海底针

【练法】

1.上体稍右转，右脚向前收拢半步，脚跟落地，距左脚约一脚长。两掌向下画弧，左掌掌心向下。（图19.1）

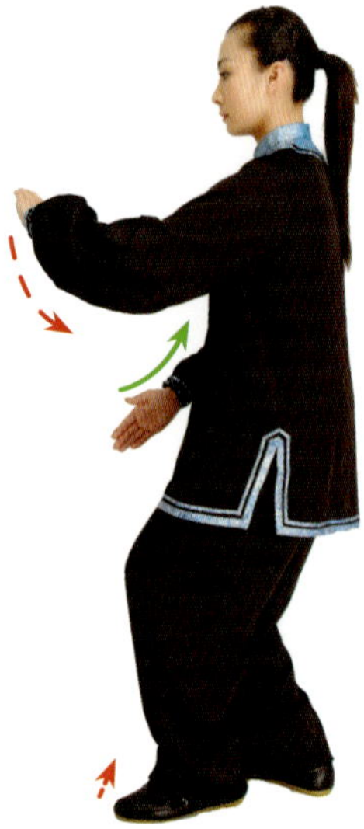

图 19.1

2.上体右转，重心后移，右腿屈坐，左脚提起。右掌由下经体侧屈臂抽提至右耳旁，掌心向左，指尖向前；左掌向右画弧，下落至腹前，掌心向下。（图19.2）

图 19.2

3.上体左转，向前俯身。右掌从耳侧向前下方斜插，掌心向左，指尖斜向下；左掌经左膝前向右画弧搂过，按至大腿外侧。左脚稍前移，前脚掌着地，成左虚步。（图19.3）

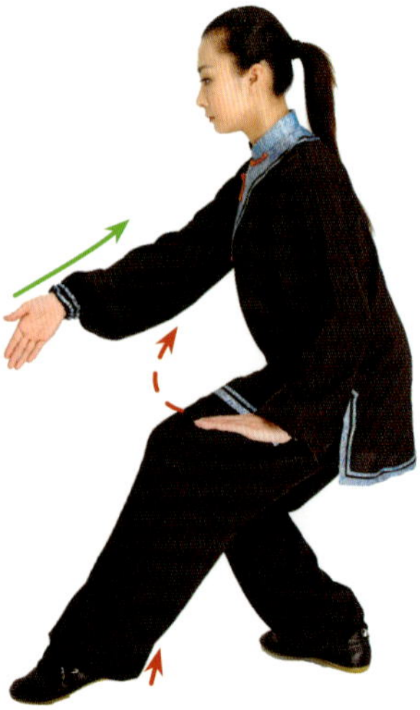

图 19.3

【要点】

1.虚步插手时，上体要舒展伸拔，上体前倾角度不超过45度。

2.两掌的动作路线：右掌随转体在体侧画一个立圆；左掌随转体下落，经体前画平弧按于左胯旁。插掌时，力点放在指尖。

3.跟步后，右脚随转体后坐，以前脚掌为轴闪转脚跟。定式时，虚步左脚正向前方，右脚外撇约45度。

第二十式　闪通臂

【练法】

1.上体恢复正直，左脚收至右脚脚踝内侧。右掌上提至身前，指尖朝前，掌心向左；左臂屈臂收举，左掌指尖贴近右腕内侧。（图20.1）

2.上体右转，左脚向前上步，脚跟着地。两掌内旋分开，掌心皆向前。（图20.2）

3.上体右转，重心前移，成左弓步。左掌推至体前，高与肩平；右掌撑于头侧右上方，掌心斜向上；两掌前后分展。目视左掌。（图20.3）

图 20.1

图 20.2

图 20.3

【要点】

1.上下肢的配合应协调一致，动作各自到位。

2.闪通臂是顺弓步，两脚左右间距不宜过宽；前臂、前腿要上下相对；弓步与推掌方向皆为正前方。

第二十一式　转身搬拦捶

【练法】

1.重心后移，右腿屈坐，左脚脚尖内扣，身体右转。两掌向右摆动，右掌摆至身体右侧，左掌摆至左侧，两掌掌心均向外。（图21.1）

2.重心左移，左腿屈坐。右掌下拉变拳；左掌向右按掌，掌心向下，举于左额前上方。（图21.2）

3.右脚收至左脚脚踝内侧。右手握拳向上、向左画弧收于左肋前，拳心向下；左掌下按，与肩同高。（图21.3）

图 21.1

图 21.2

图 21.3

图 21.4

4. 右脚提收至左脚脚踝内侧，再向前迈出，脚跟着地，脚尖外撇。右拳经胸前向前搬压，拳心向上，高与胸平，肘部微屈；左掌经右前臂外侧下落，按于左胯旁。（图21.4、图21.5）

5. 上体右转，重心前移，右脚外转约45度踏实。右臂内旋，右拳向右画弧至体侧，拳心向下，右臂半屈；左臂外旋，左掌经左侧向体前画弧。（图21.6）

6. 左脚向前上步，脚跟着地。左掌拦至体前，高与肩平，掌心向右，指尖斜向上；右拳翻转收至腰间，拳心向上。（图21.7、图21.8）

图 21.5

图 21.6

图 21.7

图 21.8

7.上体左转，重心前移。左腿屈弓，左脚踏实；右腿自然蹬直，成左弓步。右拳自胸前打出，肘微屈，拳心转向左，拳眼向上；左掌微收，掌指附于右前臂内侧，掌心向右。（图21.9、图21.10）

【要点】

1.此式包含有搬拳、拦掌和打拳三个手法。

2.搬拦捶的转身动作要做到虚实清楚、转换轻灵、重心平稳。转换中要注意重心的移动、脚的扣转和腿的屈伸，切不可重心起伏，上体摇摆。

图21.9

图21.10

第二十二式　如封似闭

【练法】

1.左掌翻转向上，从右前臂下方向前穿出；右拳变掌翻转向上。两掌交错于体前，双掌与肩同宽、同高，两掌掌心皆向上。（图22.1、图22.2）

图 22.1

图 22.2

2.重心后移，右腿屈坐，左脚脚尖翘起。两臂屈收，两掌边分边内旋后引，分至与肩同宽，收至胸前；继而翻转下按至腰间两侧，掌心向下。（图22.3～图22.5）

图 22.3

图 22.4

3.重心前移，左腿屈弓，左脚踏实，右腿自然蹬直，成左弓步。两掌翻转，经腹前向上、向前推出，与肩同宽，腕高与肩平，掌心向前，指尖向上。（图22.6、图22.7）

【要点】

1.后坐引手时，两手要屈肘旋臂后引，不可前臂上卷，两肘夹肋。

2.按掌时，两掌要平行向前，沿弧线向前推出。

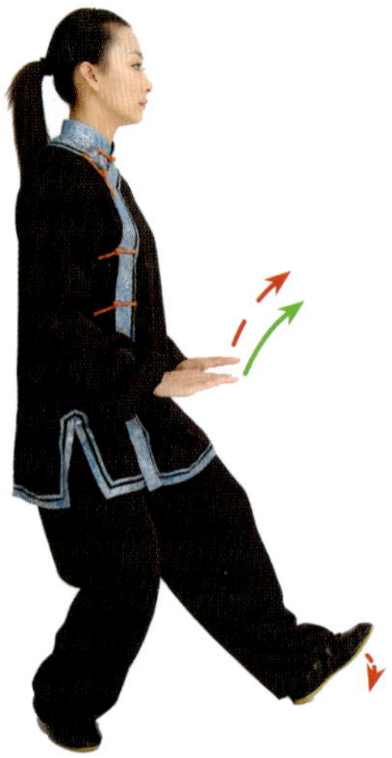

图 22.5

图 22.6

图 22.7

第二十三式　十字手

【练法】

1.重心右移，上体右转，左脚脚尖翘起。右掌向右画弧。（图23.1）

2.上体右转，左脚内扣。左掌分于身体左侧，右掌随身体摆至身体右侧；两掌左右平举于身体两侧，掌心向前外；两肘略屈。（图23.2）

3.右脚外展，脚尖向右。两掌下按。（图23.3）

4.重心左移，右脚内扣，上体左转。两掌向下、向内画弧，于腹前两腕相交；继而合抱举至胸前，左掌在内，右掌在外，掌心均斜向内。（图23.4）

图 23.1

图 23.2

图 23.3

5.右脚内收，两脚与肩同宽，脚尖向前，成开立步。随即上体转正，两腿慢慢直立；两掌交错成斜十字形抱于体前，掌心向内，高与肩平。（图23.5）

【要点】

1.此式的手、腰转动和重心移动幅度比较大，同时配合两脚的扣转、外撇和收并。整个动作要保持平稳连贯，完整一气，中途不要断劲。

2.收脚合抱时，上体要保持端正，不可低头弯腰；两臂要撑圆，不可抱得过紧。

图 23.4

图 23.5

第二十四式　收式

【练法】

1．两前臂内旋，两掌边翻转，边平行分开，与肩同宽。（图24.1、图24.2）

2．两掌慢慢下落至两腿外侧，上体自然正直。（图24.3）

3．重心右移，左脚收至右脚旁，两脚并拢，脚尖向前，身体自然直立。目视前方。（图24.4～图24.6）

【要点】

1.翻掌分手时，两掌应边分边翻转。

2.并步还原时，左脚应注意点起点落，轻匀沉稳。

图 24.1

图 24.2

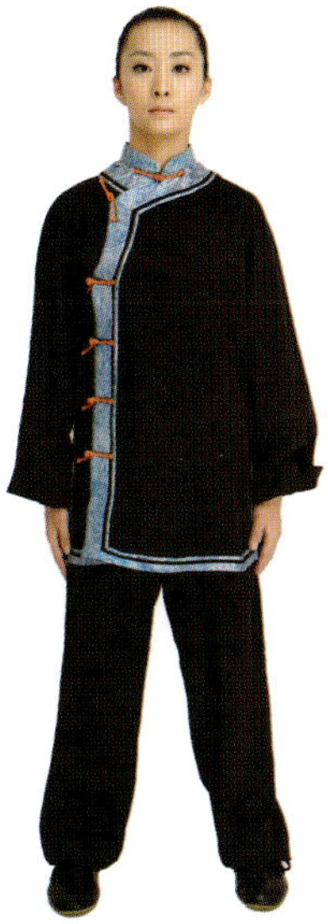

图 24.3

图 24.4

图 24.5

图 24.6